JN440255

너의 운명이 나의 선택이었지만

성근석 시집

문학의전당 시인선
0320

너의 운명이 나의 선택이었지만

성근석 시집

문학의전당

시인의 말

우리는 서로 다름 속에서 산다.
그것을 인생이라고 한다면

나는 다름에게서 분리된 친구,
진정한 내가 필요했다.

이런 나의 시작(詩作)은
나와의 대화인 동시에 싸움이다.

무언가 쓰려고 골몰하는 순간
바로 그 순간이 나를 쓴다.

2020년 3월
성근석

차례

제2부

제3부

제4부

제1부

우는 강

해가 중천에 올라 세상이 조금이라도 추위가 빗겨갈 때면 잔잔한 물결 차가움에 벼린 채 강은 큰소리로 울음을 우는 것이다 얼어붙은 가슴 쪼개며 우는 것이다 살아온 내내 꽁꽁 굳어버린 마음 망아지 고삐 풀리듯 서러움에 북받쳐 내 설움 좀 들어보라고 더 큰소리로 서럽게 목 놓아 쩌렁쩌렁 우는 것이다

낙수

눈들이 지붕 위로 훨훨 날아 떨어졌어
세상은 발아래 펼쳐지고
그 후로도 더 많은 눈송이들 낙하되었지
눈들이 지붕 위에 내려앉게 되었을 때
하염없이 내리던 눈들도 마침이 있었어
추운 날들이 겹겹이 쌓이면서
쌓여진 눈들은 서로를 포개며 단단히 굳어갔어
해가 뚫어지게 쳐다보았지
서로가 머무는 지붕 위를
늘 충만한 듯 추위를 반짝반짝 빛내고 있는
햇살은 눈이 부셨어
섬광처럼 반짝였지
눈이 부실 만큼 반짝이는 이야기들이
지붕 위에 쌓여 있었어
누군가의 이야기도 끝이 나는 것처럼
수많던 이야기가 맹물이 되어 떠나야 했어

어린 발레리노

무대에 서는 순간을 누가 알아
광대처럼 바라보이는 순간을
넘어지고 좌절하고 다친 부위를 보정하면서
공중뛰기, 구르기, 공중회전
어린 발레리노는 날아오르는 게 꿈이었어
나비가 되는 꿈이었어
누군가 위대하게 될 때엔 나름의 어려움이 있어
세상의 편견, 비웃음, 반대
그게 무어겠어 마르지 않는 눈물이었어
무대에서 성공적으로 공연을 마칠 때 느끼는 희열 뒤에
적셔진 눈물과 땀방울이었어
무대에 서지 못하는 발레리노는 어쩌겠어
우리 많은 인생들은 발레리노야
무대 위에 서지도 못하는 발레리노
그래도 열심히 연습을 하는 거야
공중뛰기, 구르기, 공중회전을

낮달

깜깜한 밤에만 노는 일이 그래
잘 보이지도 않는 세상 보려고
많은 빛들을 쏟아붓지만
어두움의 그늘이 잘 거두어지지 않아

낮달 되어 한번 나와 봐봐
밝은 색들의 세상이 보여

힘들이지 않고도
아름다운 너희를 볼 수 있어서 좋아

안마

뿌리가 보이지 않는
태생부터 뻗어나 멈출 줄 모르고
물과 양분 물관 따라
양팔 벌리며 쏟아내는 퀴퀴함
태고부터 쌓인 비대한 비곗덩어리
짓눌렸던 마음 한 구석 갈빗살
딱딱하게 굳어지거나 군더더기처럼 고여

빗질 긁어대거나 몽둥이 밀며
그 묵은 언저리를 쥐어짜는
한 인생의 손마디와 팔꿈치
다른 인생 곤고함 꾹꾹
얼얼하게 불그스레한 꽃 피우는

거짓

껄끄러운 가시 공중에 박는다
머리 풀어헤친 년처럼
끌끌 혀를 차며 어이없는 눈빛 마다않고
발길 닿은 길들이 언다
까치는 언 땅에서 무언가 물어왔다
땅바닥의 식물들은 수면 중이거나
개체 몇 알 남기고 말라갔다
어제는 날 도와주던 사람과 싸웠다
싸운 게 아니라 자기 면피를 위해
파렴치한 과잉행동을 지켜봐야 했다

그는 신을 죽였다
굶주린 동물들이 언 땅에서 먹이를 찾는
하하 호호 웃음이 쓸쓸해지던 날
손바닥으로 제 몸짓 숨기며 악을 쓰며
맑은 물이 본인이라고 광대놀이를 한다
뱉어내어도 거리낌 없다
사람을 무수히 죽이고도 영웅인 사람이 있다

만들어낸 역사는 사람의 눈을 멀게 한다
꾸역꾸역 우기면 먹히는 세상
둘둘 말아 화장을 시켜야 한다
나는 여러 번 보았다 그의 비열함을
시침 떼고 뻔뻔한 그의 마음속에
양심을 말하는 건 입만 아플 뿐이다
그의 입에서 나오는 말들은 늘 거룩했다
남들이 인정하지 않는데도
그는 모순된 거룩을 말한다
세상사 이치가 찬바람에 쓸쓸하게 운다

미투

흐르는 물에도 숨통이 조여진다
노친네 주름 선명한 아침햇살 음영처럼
부어오르는 다리 후덜덜 느려지다 멎고
고양이 한 마리 한파 무서워
태양 내려쬐는 양지로 나와 몸 웅크린다
인기척 나면 구석진 곳으로 숨었다가
사람이 지나가기 무섭게 햇빛으로 나와 몸 데웠다
추울 땐 추위도 바람을 덧대어 더 매서워
한파는 수돗물 얼어 터지듯 여기저기 터지고 있다
한여름 철철 넘쳐흐르는 명성에 기대어
아래 풋것들 싹수를 주무르고 꺾어내더니
세상 끝이 오지 않을 것이라 믿었던
얼간이로 낙화되는 것이다
과거에 묶인 속울음으로 질펀하게 소주를 까는
이름까지 들먹이며 회자되는 매서운 한파
고양이 햇빛에 나와 몸을 데우는 짧은 변명도 아랑곳
한파는 살점을 도려내듯 섬뜩하게 몰아치는 것이다

동태탕

저녁 시간 서너 명이 둘러앉았어
찌그러진 냄비에서 끓는 동태 두 마리
곤이와 알도 함께 온몸으로 끓었지
동해안에서 냉동되어 실려 오는 동안
동태는 언 시점에 머물러 있었던 거야
냄비에서 찌그러지게 끓으면서

둘러앉은 서너 명의 이마와 얼굴이 젖었어
동태는 그동안의 설움을 이렇게 닦아내고 있는 거야
바다에서 떼를 지어 다니던 추억과
그물에 잡혀 냉동되어 오던 동안의 고된 역경이
펄펄 끓는 냄비에서 우러나와
이마의 땀으로 모습 드러낸 거였어

자화상

설왕설래
좌판에 널브러져 있는 이면수
갈라놓은 배에는 소금 굵게 뿌려져
그동안 죽자고 살아온 꿈의 속살이
붉게 절어 늘어져 있는 거야

고등어처럼 등 푸른 무늬로 생기가 있거나
게발게발 바다 바닥 짓밟은
게딱지처럼 등이라도 단단하거나
갈치처럼 통통한 은빛 찬란함도 없이

김밥

단무지, 우엉, 시금치, 계란이 함께 만났어
서해안에서 바다 이야길 담은 김에
쌀밥을 얹어놓더니만
우리가 둘둘 말려 함께 부비고 있었어
각각 개성이 있다고 늘어놓던 낯섦
각이 진 단무지의 각이 없어지더니
우린 김밥으로 하나가 되었어
싹둑 싹둑 잘렸더니
예쁜 꽃이 되어 하얀 접시를 꾸몄지
아름답다는 것은 낯선 것들이 모여지는 거였어
낯설어도 함께하면 꽃이 되는 거였어

밤길

어두움이 온통 가득했어
암흑 속에서도 길이 있다고
몸이 그 속을 궤적처럼 갈라놓았어
어두움은 금방 흔적을 메우더군
길을 가는데 고라니 소리가 들렸어
어두움이 만연해도 그 틈을 노리는 것들은 늘 있지
발소리도 빗물 내린 흔적 위에 골이 깊었어
밝아지면 없어질 자국에 미련을 두지 말아야 했어
어두움에 야행성 동물만 끔찍거리지는 않을 거야
밤도 부족하다며 열정을 사르는 사람들도 있잖아
수고로움을 주기도 하겠지만
그들의 어두움도 곧 사라져갈 거야
늘 어둡다는 건 너무 끔찍한 일이지
어두움을 가르고 밤길을 걸었던 거야

선팅지를 붙여요

침대 옆에 커다란 창문이 있어요
햇빛 들어올 때마다 환한 얼굴의 사내
바깥 풍경 날마다 불러내어 연애를 한다
청명한 시골 강가 마을
매일 새로운 새, 꽃들 불러내고
홍천강물 굽은 세상사 이야기 넋두리 떨며
즐거움 출렁출렁 볶은 참깨 쏟아지고
세상 다 좋을 수 없는 일
얼굴에 얼룩덜룩 기미 늘어나고 짙어지고

창문에 짙은 선팅지 두 겹이나 붙이니
환한 남정네 얼굴이 가려지네
색안경 쓰고 바라보는 일이 마뜩잖았는지
남정네 기다림이 어둑해지고
그가 그리울 때면 창문 열어
멀뚱 그대 얼굴 쳐다볼밖에

하룻강

생의 기미가 보이지 않는 사막
산짐승들 먹잇감으로 파헤쳐지고
극심한 가뭄으로 말라비틀어지고
삼십여 년 죽은 듯 존재감 없던 씨, 알갱이
범람하는 시름과 잡생각 흙탕물
생이 없던 공간을 덮치고 흐르니
물, 물, 흙탕물
기다림의 끝자락 같은 비, 넘침

긴 잠 사막은 극심하던 가뭄이불 걷어내고
푸덕푸덕 물 지난 자리마다
보랏빛, 노란빛, 붉은빛 몽우리 꽃
너울너울 푸른 물감 휘젓더니
생 깊이 두드려 깨우는 그 힘
눈물 나도록 고맙고 그리운

나사못

빙글빙글 어지러워
망치로 온몸 시퍼렇게 두들겨 맞으면서
머릿골마저 무디어져서도
생뚱맞은 두 놈
떼어내려 해도 뗄 수 없게
뭉쳐야 힘이 된다고
큰놈들 징그럽게 붙들고

썸

마음 한 구석 밀고 들어와 쐐기를 박고는
끈끈한 모래 강 틈을 파며 흘러요
모공에서는 솜털이 흔들리고
피부에는 잔잔히 떨림이 범람해요
방향을 알 수 없는 뱃머리
물이 흐르는 대로 가려고
욕구의 돛대를 미지의 바람에게 펼쳐요
너의 운명이
나의 선택이었지만
정처 없는 끈끈한 싹이 쑥쑥 봄을 맞아요

길을 쓸어요

늘 그 길을 오가야 내 삶이 영글어
때때로 길만 넙죽하게 누워 있던 그곳
가운데 그어진 노란 선을 살짝 밟기도 하면서
그렇게 내 삶을 앞으로 굴렸던 길
오늘은 왠지 낯설어요
한 남자분이 홀로 그 길 가장자리에 쌓인
흙먼지와 지저분한 버려진 것들을 쓸고 계셔요
알지 못하는 곳에서 흘러 들어온 흙먼지
수북이 쌓인 것들은
누군가 수고로 치울 때서야 보여요
길이 누구의 수고로 깨끗했구나
넓은 도로가 아니거나 굽은 길은
사람이 일일이 빗자루를 들고 청소를 했구나
빗자루 지난 자리가 빛나요
고마운 마음의 카펫을 오가는 길에 깔아야겠어요

한 점

어느 한 송이의 인연이
오랫동안의 침묵을 뚫고 발아하고 있어요
멀리부터 숨 가쁘던 직선 위의 한 점
혼자가 아닌 낯모를 또 한 사람이
나란히 '함께'라는 도장을 찍어요
바람이 불고 비바람이 들이쳐도
한 점에 있던 흔적은 사라지지 않아요
한 점에 꾹꾹 밀착시켜버린 거예요
운명이라고 말하고 싶어 하는
단순한 위로는 꿈을 푸르게 만들어요
한 점은 흘러가요
한 점 위에 예쁜 꿈들을 심어야겠어요
지워지지 않는 추억 영롱하도록 말이에요

제2부

시작(詩作)

가슴을 뭉텅 뭉텅 쏟아내
글자를 달달 볶아
한 폭 그림을 그리고 싶었어
훤히 속살 드러나는 진국 같은 그림을

가끔은 먹먹했었지
완성도 떨어지는 그림 때문에
글 쓰는 일이 그래

유리창

너는 차갑게 서 있었어
세상은 너를 통하고도 끄덕도 않았지
네 몸에는 쓸쓸한 별빛이 반짝였고
나뭇잎들은 손을 흔들며 낙엽이 되었어

너는 차갑게 그대로 서 있었어
청명한 듯 투명한 모습 보이며
밀린 고요를 오랫동안
응결하며 단단하게 쌓아놓았지
세상 모든 얼룩들은 너를 통하고는
서로의 넓은 소릴 주고받았어

네가 쨍그랑 소릴 내던 날
날카로운 칼날처럼 퍼렇게 되었을 때
네 고요가 얼마나 큰 상처였는지?

네 침묵이 단단하던 날
세상은 맑게 그대로 서 있었어

병마

잠에서 깨어나 주변을 산책한다 아침을 먹고 잠을 잔다 간식을 먹고 또 잠을 잔다 TV를 보다가 잠을 잔다 먹고 자고 먹고 자고 내 육체는 점점 시들해져 간다 일상이라는 병균, 세월이라는 병균에게 침범당하고 있다 바삐 살 수 있을 것 같던 내가 조금씩 부식되어간다 먹고 자고 먹고 자다 또 자고 약 먹고 다시 자고 목숨을 연명하려고 약의 부작용과 병마의 두려움에 흔들리며

여름밤

고요에 묻혀
오히려 잠을 버린 날

계속 울어대는 벌레들과
창에 부딪히는 나방들과
불빛 아래 군무하는 날벌레들을 본다

낮 동안
외벽에 붙어 죽은 듯 있더니
광란의 몸짓으로
작은 불빛에도 왜 저리 뛰어드는가

무엇을 위해
누구를 위해
고요를 파멸시키려 하는가

하루살이도 아니면서
하루살이처럼

보란 듯이

온몸에 화려한 문양 다 내려놓고

저리 발광하는가

코스모스

붉고 노랗고 흰
외줄 꽃들이
찬바람에 흔들리면서도
무더기로 피었다

척박한 땅에 핀
척박한 꽃

저 꽃을 따 먹고
내 몸은 점점 가늘어진다

붉고 노랗고 흰
꽃을 먹고
나는 척박해진다

슬픔

세상엔 슬픈 일들이 많다

이별이, 메르스가, 굶주림이, 대기오염이, 상처가, 양심이, 인신매매가, 패권전쟁이, 정치가, 종교가, 오존주의보가, 정략결혼이, 북극곰이, 사랑이……

하지만
세상 모든 슬픔이 본질을 떠나 강요될 때,

나는 더 슬프다

첫눈

첫눈이 내리면
내 아픔과 슬픔이 녹는다

사는 동안
설레고 흥분할 때가 몇 번이었던가

현실을 지우는 첫눈
하얀 기쁨송이 소복이 피어 쌓이면

누군가 찾아 무작정 속된 수다를 떨고 싶다

첫눈 2

함박눈이면 더 좋다

산봉우리 우뚝 선 나무들
뭉텅 뭉텅 흰 꽃들 사방에 피우니
가슴에도
온통 환한 꽃송이 피어
그 향기 땜에 머리에 쥐가 나

강

아픈 몸은 누워 있어도 지루하다

아파서 쉬기만 하면 몸이 회복되고 편안함이 올까

너도 누워만 있으니 불편하니?

그래서 이리저리 몸 뒤척이며 출렁거리니?

강 2

아픈 몸을 뒤척인다
무의식적으로라도 뒤척인다
억지로라도 텃밭에 나가 긁적거리고
친구 집에 마실이라도 간다

너도 너울너울 마실 가니?
오리 떼들 놀러와
네 불편 잠시 잊게 하니?

이별

사랑이
성장기 결핍을 채우는 선물이라는 걸
깨닫는 순간
마음에 빈 공간이 생기기 시작했다

불면

살림을 꺼내어
이리저리 어두움을 휘젓는다

몸이 삐걱거리기 시작했을 때부터
매일 잠으로 삶의 마디마디에 기름을 쳤다
그도 8개월이 넘었다
통증 끈질기게 떨어지지 않고

몸을 종 부리듯
힘겹도록 끔적거리는 것이 생이라고
죽어야 움직이지 않는 거라고

움직이지 않으면
마디마디 녹이 찬다는 것을
깜깜하게 가슴을 팠다

뚜껑

뚜껑 닫힌 음식물
더운 여름날 깜박 방치했더니
틈새로 모락모락 상한 냄새 밀고 올라온다

우리를 덮고 있는 뚜껑들에 대한 생각
독재 잔재의 그 불미스러운 냄새
무수한 사람들 올가미 씌우던 몹쓸 냄새
기회주의자들의 추악한 냄새

우리는 시름시름 불쾌한 냄새들로 두통이 일어
희망의 뚜껑이 닫혀 있는 민초들은
상한 냄새에 휘둘리며
도가니 같은 공간에서 눈물 맺은 빵을 벌어야 해

눈과 귀를 덮은
그 수많은 뚜껑들을 열고

가시박

봄볕에서는 많은 순들을 마주한다
고운 떡잎 가지런히 일으키는 내숭도
수줍듯 봄바람에 여리여리 꼬리친다
태양 작열할 때를 기다리며
넘쳐나고 넘치는 성장의 끼를
뜨거운 폭포수로 쏟아내는 이놈들의 넙죽거림
작은 들꽃들 가벼이 젖히고
제법 등걸이 두꺼운 나무들 덮치니
그놈들 소소한 일상의 큰손

생각

사사로운 일로 꼬리를 물고 와서는
쉼 없이 속닥거리며 내 곁을 배회했어
온기를 느끼며 젖꼭지를 물었을 때도
아귀 같은 입으로 수다를 떨 때도
슬픈 곡성에 몸을 담그게 될 그때도
세상모르고 곯아 떨어져 반 실신된 때도
날 짓누르는 건지
날 달래는 건지
넌 날 놓지 않았어

제3부

홍천강

이른 봄 아침
강변 버들강아지들
밤도적 서리에 얼어붙어
펜처럼 서 있다

홍천강,
그 퍼런 오선지 위에 서럽다

청둥오리 떼 날갯짓하며 음표 그려댄다
한 마리 긋더니
이놈 저놈 계속 그어댄다

파미솔 파미솔
홍천강 합창공연은 연중 기획 중이다

비염

비가 많이 올 때면
물에 잠기는 영산골 콧구멍다리*
붉은 농 가득 차 막히고 콧물 훌쩍거려
장마 질 땐 천덕꾸러기
콧구멍마다 나뭇등걸 온갖 잡동사니 가로 걸려
숨 막히는 터널

영산골 주민들
트랙터 끌고 곡괭이 톱 등속 농기구 들고
축농증 수술하러 모여드는

---

*강원도 홍천군 북방면 북노일 소재. 비가 많이 오면 물에 잠긴다. 현재는 철거됨.

콧구멍다리

콧구멍다리 밑은 놀이터
누치 놈들 등치 있다고
거무스레 칙칙한 꼬리 물살 툭툭 치고
갈겨니, 납지리, 버들치, 피라미 떼들 모여 친목회 한다
물 만난 세상이라고 조잘조잘
오선지 위에서 물살 튀기며 연주하는 음표들

바짓가랑이 잡고 호객하는 콧구멍다리
한 폭 멋진 산수화 그려놓더니
새벽녘엔 풍경 뭉개버리는 몽롱한 안개
돌멩이마다 다닥다닥 붙어
종알거리는 다슬기들
감칠맛 나는 시를 쓰려 용쓰고 있는

영산골

뚜벅뚜벅 등짐 지고
오랜 세월 물속 홍천강 건넜다

영산골* 사람들
물 좋고 나물 많다던 골짜기에서 화전 일구며
집집이 물살에 기대여 생을 꾸려나갔다

따사로운 햇살 뭉개며
억수 같은 눈물 울컥 쏟아질 때면
덩그러니 홀로 섬이 되는 곳
자녀들 등하굣길,
산나물 내다 팔 장에 가는 길,
생필품 살 수 있는 길 끊기고
마음 시린 초겨울 이른 봄
바짓가랑이 정강이까지 걷어 올리고
강물에 들어서면
살 에이는 차가운 물 따갑게 뺏속 후벼 팔

허기진 사람들 낙엽 뒹굴듯 떠나고
산천 쓸쓸히 바람에 내어주고서야
다리가 들어선,

---

*강원도 홍천군 북방면 북노일 골짜기 지명.

영산골 2

물소리에 봄물 오르네
즐거운 마음에 치마 입히고는
상큼한 봄비 재잘재잘 내리네

따스한 기운에 떠밀려 몸도 따듯해
소나무들 슬금슬금 투명해지고
버드나무 가지 끝 어스름 푸르러

봄은 맑음에서 오는 건 아닌지
영산골 골짜기 울퉁불퉁 시멘트 길 위로
누덕누덕 덧대어 기워놓은 검은 물체들

누군가 부실하게 소똥거름 흘리고 간
작년에 옥수수 심었던 밭 초입에서
이른 봄 둥 떠밀며 오나봐

봄

들어서면
들춰진 돌 속에서 잠자던 개구리
놀란 몸짓 마주하고

설익으면
소나무 슬그머니
푸르게 푸르게 은밀히 몸치장하고

농후해지면
진달래꽃 만개하여
절벽도 뚫었다

개구리

어스름한 저녁시간
차도로 개구리 한 마리 뛰어들었다
차가 놀라
개구리처럼 뛴다

개구리 종착지가 궁금해졌다

넓은 영토에서 살아도 될 것을
그 검은 아스팔트를 건너기 위해
팔딱거리며
왜 위태한 모험을 하는가

개미

수십 마리 개미떼가
줄 맞추어 떼 지어 간다

과자 봉지 열려 있다고
과자 부스러기 물고 나르러
귤껍질, 사과껍질 너절히 널려 있다고
달달한 과즙 나르려
그 먼 거릴 용케도 안다

우리가 그래
때도 없이 독식하고
열심히 쌓아두려고만 하거든

홍천강은 미술관

동지 이래 서럽던 추위
이월 중순에서야 여몄던 옷고름 풀리니
말 잃어버렸던 벙어리, 강 이마에
빗살 주름 번쩍이며 쩌렁쩌렁 울고
널찍한 화폭에 쪼개진 선들, 이 선 저 선이
겹쳐지고, 포개지고, 합쳐지고, 떨어지고
추상화로 가득한 겨울 끝자락 미술관 홍천강

한여름 무덥던 홍천강
은유로 난해한 물속 돌 틈 사이로
자는 듯 숨어 있는 꺽지들
잠긴 발목 간지럽게 모여들던 송사리 떼
무리 지어 놀던 커다란 누치들
물고기들 이야길 먹어버리는 물살 사이로
물고기 울음 꺽꺽, 가끔 들리고
햇살 부서뜨리며 졸졸거리는 미술관 홍천강

초승달

희멀건 얼굴 내밀고는
초저녁 때 맞춰 얍삽하게
산등성 나뭇가지 위를 서성이더니
모자 삐딱하게 쓰고는
잔가지 툭툭 치며
사랑질 하자고 싱겁게 보채네
좋아한단 말도 못한 채
높은 중천에 뱃심 있게 떠오르지도 못한 채
서쪽 하늘 서녘만 마냥 서성이다
야밤 오기도 전에
슬그머니 사라지네

뿌리

흙으로 덮인 지면의 미라
마른 살점 아래
통통한 단어들은 기억 니은 디귿 리을
우윳빛으로 뽀얗게 토실토실
추운 동안 세상에 펼칠 꿈들 구상하는지
지면을 흔들 글들로 가득 차요
무색 바람 거세게 불더라도
지나온 충족함에 미련 떨치지 못한 채
땅속은 토실토실 알토랑이어요

꽃길

봉화에서 청량산 가는 길가

빨간 시름의 꽃
노란 미움의 꽃
분홍 고단함의 꽃 피었다

파란 하늘 하늘하늘 더 파랗게
가을 하늘 서늘히 높게 더 드높게

쥐

초겨울이 성큼 왔어
영하 날씨 추위가 뼛속을 파고 들어왔어
가끔 밤이면 쥐만의 특이한 소리가 들려
시간이 자꾸만 갔어
외부로 열려진 베란다에
쥐가 추위를 피해 속으로 속으로 파고 들어왔더군
쥐란 놈은 이빨로 쏘는 특성 땜에
상상이 가 그곳이 어땠을까
겉에는 아무 표시가 없는데 속을 발기발기 쪼서놓았어
우리 모습이 그래
겉은 멀쩡한데 우리 속은 심란하고 복잡하단 말야
마음속까지 깔끔한 날 찾아야겠어

자전

지구가 한 바퀴 돌면
어두움 지나고 여명이 온다

동네 주변을 한 바퀴 돌면
편견은 사라지고
따듯한 사람들이 보인다

폭염경보

머리가 따가워
도저히 서 있을 수가 없는
햇볕 아래 뜨거운 공사판
운동화 사달라는 자식의 보채는 소리가
폭염경보보다 위험수위가 높아
철판을 재단하고 자르고 두드리고

하나님은 미천한 우리들을 긍휼히 여기사
힘이 솟아나는 사랑이라는 마약을 주시어
황홀경에 취하듯 감당하는 공사 현장

두드릴 때마다 두텁게
무서운 땡볕 아래 발아되는
가장, 가장,
아버지라는 이름의 무게

울음

잠이 오지 않는 밤
낮인 양 서성거렸어
강 건너 외로운 고라니가
익숙하지 않은 낯선 소리로 울음을 울었어
산을 울리고 다시 돌아와 앉는 소리
우리도 소리 나지 않는 울음을
웃음꽃 핀 얼굴로 가린 채 울었던 거야
일찍 철들어버린 어린 시절이나
자신의 불편했던 시간들을 숨기기 위해
부실한 웃음으로 속내를 가리며 울었던 거야
웃음으로도 숨길 친구가 없는 고라니는
듣는 이 없다고 소리 내어 엉엉 우는 거였어

달

달님은 흑백 마술사
나그네 가는 길
긴 그림자로 그리네
허공엔 달무리 그리더니
나뭇가지 사이 제 그림자 엉키어
숨바꼭질하듯 그 속에 걸터앉기도 하네
그 묵의 농도 어떻게 맞추나
보일 듯 말 듯 어렴풋한 산수화
심술궂을 때면 나타나
그림 그리네

제4부

월동

시골 겨울은 복잡해 도심처럼 편리한 도시가스 배선이 없어 기름보일러는 등유를 사용해 근데 아들 녀석은 열량이 높다는 나무보일러를 원했어 아들은 일일이 토막 낸 통나무를 한 차 가득 실어왔지 이제 이곳저곳 집구석마다 통나무를 쌓아야 해 집 둘레마다 둥글둥글 모습이 쌓여갔어 마당 한편에도 서너 무더기 쌓였어 삭막한 겨울 풍경이 변신해 가는 거야 쌓아둔 통나무의 나뭇결과 질감으로 우리 집은 따듯한 풍경화 한 폭이 되었어 이 추운 겨울이 푸근해지는 거야 불을 피우지 않아도 모습만으로도 따듯해 우리 살아가는 모습도 따듯할까 궁금해졌어

비 온 뒤 가을밤

얼굴을 들고 있는 전등 모두 켜도
어둔 두려움 물러나지 않아요
밝은 빛 치떨며 발산하여도
가까이 있는 그대 얼굴 뭉개지네요

보이지 않고도 공중 부유하면서
빛을 삼키고 있는 그대는 누구인가요
누추함 들키지 않으려 숨어 있나요

먹먹한 그대 품속에 어찌 가야 하나요

가을

풋풋한 모습은 점점 소멸되어가고
그 질긴 생의 목표를 가벼이 하면서
넘치는 끼, 하고 싶은 일들
하나하나 떨치며 줄여가는 거야
달려가고픈 마음 천천히 늦추면
그게 익어가는 거였어
그게 진정성 있는 자신을 찾는 거였어
그냥 쉽게 가벼이 놓아버리는 거였어

초겨울 바람

그대에게선 살가운 바람이 불었어
겨울이 오기 전까진
잔잔한 어깨 자주 어루만져주는
그 손길이 좋아 그대에게 마음 빼앗겼어
그러나 그대는 낯설어지고 있었어
살포시 오던 모습도 사라지고
나뭇잎 벌거벗은 가지처럼 거칠어졌고
신경질 마구 늘어갔어
널 보면 당황해 추운 눈물 흘렸지
너는 그런 내 속을 후벼 파고 그렇게 떠나갔어

정원등

낮 동안 심술궂던 태양이
깜깜한 밤잠 오지 않는 밖으로 나왔어
쌀쌀하다 못해 추운 겨울밤
태양빛 반짝 반짝 속닥이고 있었어
낮 동안 태양전지로 숨어 들어와
밤의 쓸쓸한 외로움 달래고 있었어

부고장

오늘 경고장 같은 부고장 날아왔어
친구 남편 세상 떠났다고

근데 슬프지 않아
나이가 육십 줄 넘었으니 그리 서럽지 않아
편히 간 때문은 아니고 배우자 앞서서 떠났으니
그 사람 복도 많다는 생각이 들었어
이제 남은 친구가 기력이 없어
병들고 나약할 때 옆에서 돌볼 사람이 없을까봐
그것이 슬슬 더 두려워지는 거야

오늘 부고장이 날아왔어
죽음 앞에서 두렵지 않은 사람 어디 있겠어
죽음 앞에서 힘든 시간을 참아내었다가
죽음이 이기었겠지
죽음 뒤에 내세가 있다면
어떤 세상이 펼쳐질까 궁금해졌어
우리가 산다고 해도 가보지 않은 세상을 뭐라 말하겠어

각자의 체험에 힘주어 본다고 해도

오늘 부고장이 날아왔어
앞으로 더 많이 날아올 거야

현실

난 짐승 기르길 좋아하지 않았어
아이들이 어렸을 때
강아지를 기르겠다고 떼써서
강아지 세 마릴 데려왔어
그때 동네 아이들이 매일 와서 살았지
설악산을 2박 3일 가기 위해
넓은 욕실에 물과 먹이를 주고 다녀왔어
강아지들은 욕실에서 맘껏 먹고 볼일을 보았지

강아지 목욕도 시키고
용변도 치우겠다고 조르던 아들들이
용변을 치우는 일을 하지 않았어
생각과 현실의 차이를 알게 된 것이지
삶이란 겪어봐야 아는 거였어
지금도 강아지나 고양이 새낄 보면
예쁘다고 눈을 떼지 못하고 있어

좋은 만남

우린 매일 만났어
하루를 건너면 걱정이 되었지
아플까 무슨 일이라도 생겼을까
서로 가슴엔 찡한 길 생겼던 거야
네가 열어준 가슴 훤히 밝혔을 때
맑은 물에 유영하는 내 지느러미가 흐느적거렸어
옭아매듯 묘한 네 씀씀이는
야릇한 솜씨로 마약처럼 내 손과 발을 묶어버렸어
생선포 뜨듯 내 가슴에 한 점 한 점 위로를 놓아둘 때
찐득찐득 접착제 같은 만남이 되었어
얼굴엔 환한 미소 꽃들이 피었어

흔적

하루 잠깐 동안 머물렀다고
표시 안 난다고 시치미 떼어도
어설프게라도 스친
잔잔한 추억이나 미련

삶의 궤적 샅샅이 훑으며
스쳐 지나간 자리마다
울긋불긋 꽃을 피우네
빈 가슴 벽에도
푸르거나 검거나

길

공사로 온통 발기발기 파 젖히니
울퉁불퉁 올곧음이 쩍쩍 벌어지고
늘 오가던 길이 끊긴다
땡볕 아래 포클레인으로 둘둘 갈아엎는

삶에도 여러 갈래의 길들 있어
만남, 소통, 행복을 이루는 길

길 끊어지는 갑갑함이 없도록
억지를 부리지 말아야 해

서울양양고속도로

내 사는 곳 노일리 홍천강 강변
서울에서 친구들 만나 덕담 나눈 후
야심한 밤 12월 깜깜한 추위를 뚫고 집을 향해 달렸어
깊은 밤 질주하는 차들에 섞이기도 하고
주변에 함께 달리던 차들 점점 줄어들기도 하고
굴 속을 여러 번 지나서야 다다를 수 있는 곳으로

지난날에는 산 굽이굽이
골짜기 따라 난 길 허우적거리며
오랜 시간 달려 집으로 왔어
골짜기에 심쿵 마음 던져놓고
들꽃 향기 취해 행복에 겹기도 했고
녹색 새싹, 짙은 녹음
오색찬란한 단풍, 흰 눈
때론 산토끼, 고라니, 너구리도 만나면서

이제는 산 밑 구멍들 겹겹이 뻥뻥 뚫려
천연덕스럽던 골짜기와 만날 일들 소원해져

날 좋을 때면 홀로 옛길 에둘러
마음 설렁설렁 씻어보아야겠어

눈길

제설차 소리 없이
언제 지나갔는지 모르게
눈 그치자마자 쌓인 눈 밀며 밀며
어는점 떨어트린다고 뿌리는 염화칼슘
김장배추 절이듯 뿌리고

이 집 저 집 서까래로
주민들 어색함 쌓인 마을 길 밀며 밀며
덕담같이 적당하게 염화칼슘 뿌려야
삭막한 가슴 녹이며 길을 낸다고
눈을 치운 뒤에 뿌려야만 녹는다는

늦어버린 오후 같은 삶
염화칼슘에 스르르 녹은 마을 길
하늘 중턱 쌀쌀한 반달에 눈 맞추며
잠 못 이루는 심야에
너덜너덜 잡생각 녹이려 들어선

참나무

옷섶 활짝 열어
떼구르르 열매 다람쥐에게 내어주고

도토리 들들 갈아 떫은 맛 우려
감칠맛 나는 묵으로 내어주고

남은 몸뚱이 단단하다고
땔감으로 다 내어주니

마음속은 검게 타들어 가

금학산(錦鶴山)

백두대간 내리 솟아난 금학산
너브네 홍천강 사백 리
세상사 거친 숨 몰아 달려온 바람
비단 금, 날개 학 숲 우거진 깃에
얼굴 파고들며 볼 비벼대네

힘겹게 살아온 등골은 땀으로 젖어들고
발꿈치 억지다짐 누르며 정상에 올라서 보니
정상에 서야만 볼 수 있다는
먼발치 확 들어서는 절경
누가 태극 가져다 놓았나
아아, 푸른 수태극
순간 시름 놓이고 깊은 숨 휘이휘이 날리네

쌀쌀함 울긋불긋 물든 금학산 아래
시월 북노일 마을 주민들
홍천강물 줄어 추운 등짐 지고 강 건너려
굽은 소나무 등걸 엮어 솔가지 얹고

포대 덮고 모래 퍼다 덮으니
출렁출렁 섶다리
장고, 북, 꽹과리 더덩 더덩

강물은 물길 따라 바느질 성기어
수태극 문양 한 땀 한 땀
수놓다 가네

소천

집사님이 머리가 어지럽다고 거실 바닥에 눕더니 일어나질 못하셨다고 한다 뭔가 이상하다고 느낀 가족들이 119 구급차를 불러 응급실 가셨는데 손을 쓸 수 없어 집사님은 수술도 못 받으시고 새벽에 소천하셨다 살아있는 가족들은 너무나 갑작스런 일이라 황당하고 믿어지지 않는 슬픔으로 어찌할 바 몰라 슬픔 가득하나 집사님은 예쁜 얼굴로 활짝 웃는 행복한 모습으로 영정 속에 있다 한 공간 속 집사님은 활짝 웃고 가족들은 흐르는 눈물 주체하지 못한다 집사님은 하나님을 뵙게 될 것이다 하나님 앞에서 집사님의 삶의 궤적들이 낱낱이 벗겨지고 늘 순수한 웃음 웃던 모습 드러날 것이다 "하와야 네가 벗었느냐 네가 벗은 것을 누가 알게 했느냐"는 하나님의 음성처럼 집사님은 하나님 앞에서 스스로 인지하지 못한 부분까지 다 드러날 것이다

해설

징후(徵候)와 예감(豫感) 사이의 시 쓰기

백인덕 시인

1.

유일하지는 않지만 가장 확실한 현존의 증거는 누가 뭐래도 '통증'이다. 밤에 만나는 모든 고양이는 회색이거나 길고양이, 즉 '그것'이지만 소리 내어 앓거나 피 흘리며 경련하는 고양이는 오직 '여기—지금'을 선명하게 각인(刻印)하면서 떠오른다. 오죽하면 빌란 군데라마저 "고통(통증)이야말로 자기중심주의의 위대한 학교"라고 선언했겠는가? 어쨌든 통증은 상호 교환 불가능한 감정, 정신적 체험이라는 측면에서 역으로 자기 현존을 증명하는 일의적 근거가 된다.

성근석 시인은 통증(고통)을 마주할 때마다 힘겹게나마 자기 독백의 형식을 완성해가면서 어떤 '징후와 예감' 사이를 길

항한다.

설왕설래
좌판에 널브러져 있는 이면수
갈라놓은 배에는 소금 굵게 뿌려져
그동안 죽자고 살아온 꿈의 속살이
붉게 절어 늘어져 있는 거야

고등어처럼 등 푸른 무늬로 생기가 있거나
게발게발 바다 바닥 짓밟은
게딱지처럼 등이라도 단단하거나
갈치처럼 통통한 은빛 찬란함도 없이

—「자화상」 전문

문득 돌아본 어느 쓸쓸한 날의 '자화상'은 이렇게 그려져 있다. 제일 먼저 "그동안 죽자고 살아온 꿈의 속살이/붉게 절어 늘어져 있는" 좌판을 본다. 뒤이어 자신이 등 푸른 '고등어'도 아니고 등딱지 두툼한 '대게'도 아니고 은빛 찬란한 '갈치'도 아닌 겨우 '이면수'일 뿐이라는 생각이 든다. 여기서 '고등어/게/갈치'와 '이면수'의 가격이나 맛 등의 실용적 대비는 실상 아무 의미도 없다. 정작 중요한 것은 '생기, 등, 은빛'과 '속살'일 뿐이다. 앞의 것들이 밖으로 드러나 자신을 증명하는 특징이라면 후자는 말 그대로 배를 갈라야만 드러나는, 즉 자기를 증명하기 위해 자기를 희생해야 하는 치명적 특성이라는 데서 '자화상'의 의미가 오롯이 드러난다. 이 작품은 최소한 시인의 현존이 어떤 절박한 위기 상황에 직면해 있음을 반강제적으로 유추하게 한다.

> 잠에서 깨어나 주변을 산책한다 아침을 먹고 잠을 잔다 간식을 먹고 또 잠을 잔다 TV를 보다가 잠을 잔다 먹고 자고 먹고 자고 내 육체는 점점 시들해져 간다 일상이라는 병균, 세월이라는 병균에게 침범당하고 있다 바삐 살 수 있을 것 같던 내가 조금씩 부식되어간다 먹고 자고 먹고 자다 또 자고 약 먹고 다시 자고 목숨을 연명하려고 약의 부작용과 병마의 두려움에 흔들리며
>
> —「병마」 전문

일반(일상) 화법에서 '병마'라는 어휘는 신체나 정신의 실제 훼손을 적시하거나 에둘러 지칭하는 데 사용된다. 그러나 시인은 "일상이라는 병균, 세월이라는 병균에게 침범"당한 상황, 나아가 "바삐 살 수 있을 것 같던 내가 조금씩 부식되어"가는 현상에 이 병마라는 이름을 붙인다. 생활이 '먹고 자고'의 반복으로 단순화하는 것은 견딜 수 없을 만큼 끔찍하지만, 나아가 "약의 부작용과 병마의 두려움에 흔들리"는 자신을 목

도(目睹)하는 것이야말로 진정한 의미의 통증이라는 인식을 드러낸다.

주지의 사실이지만 징후와 예감 사이의 길항, 이 오고감은 (물리적 의미의) 순수한 진자운동이 될 수 없다. 현존의 추가 어느 쪽으로 다가가든 최초의 운동량과는 다른 감정과 정신의 가감 현상이 일어날 수밖에 없기 때문이다. 다만, 시는 어느 쪽에 무엇이 더해지거나 빼졌는지에 따라 자기 독백의 형식과 진정성에 차이가 만들어질 뿐이다. 어쩌면 이 작용만이 시적 개성을 화학적 결합처럼 형성하는 최적의 과정일지도 모른다.

2.

모든 징후는 현상에 대처하는 자세에서 비롯한다. 여기에는 열린 감각과 정신이 필수적이지만 동시에 모든 존재가 위계적으로 중층적이라는 인식과 이해가 가미되어야 한다. 나를 찾아보다 그를 생각하고 그것들을 발견하고 세계를 이해하기 시작할 때, 온 우주의 징후는 마치 역 프리즘처럼 나의 현존을 향해 좁혀진다.

> 내 사는 곳 노일리 홍천강 강변
> 서울에서 친구들 만나 덕담 나눈 후

야심한 밤 12월 깜깜한 추위를 뚫고 집을 향해 달렸어
깊은 밤 질주하는 차들에 섞이기도 하고
주변에 함께 달리던 차들 점점 줄어들기도 하고
굴 속을 여러 번 지나서야 다다를 수 있는 곳으로

지난날에는 산 굽이굽이
골짜기 따라 난 길 허우적거리며
오랜 시간 달려 집으로 왔어
골짜기에 심쿵 마음 던져놓고
들꽃 향기 취해 행복에 겹기도 했고
녹색 새싹, 짙은 녹음
오색찬란한 단풍, 흰 눈
때론 산토끼, 고라니, 너구리도 만나면서

이제는 산 밑 구멍들 겹겹이 빵빵 뚫려
천연덕스럽던 골짜기와 만날 일들 소원해져
날 좋을 때면 홀로 옛길 에둘러
마음 설렁설렁 씻어보아야겠어

—「서울양양고속도로」 전문

이런저런 가치와 의미를 부여하기도 전에 언제나 다른 얼굴로 되찾아 오는 것이 변화의 속성이다. 인생이라는 측면에

서 보면 여기서 저기까지는 늘 같은 의미이거나 경로이기를 기대한다. 그러나 실상은 그럴 수 없다. 시인은 서울에서 자신이 거주하고 있는 '홍천 노일리'로의 귀가를 통해 이런 사실을 환기한다. "지난날에는 산 굽이굽이/골짜기 따라 난 길 허우적거리며/오랜 시간 달려 집으로 왔어"와 "이제는 산 밑 구멍들 겹겹이 뻥뻥 뚫려/천연덕스럽던 골짜기와 만날 일들 소원해져"의 '지난날/이제는'의 대비는 단순히 경로나 수단의 변화만을 지시하지는 않는다. 전에는 자연스러웠던 일들이 지금은 맘먹고("날 좋을 때면 홀로 옛길 에둘러/마음 설렁설렁 씻어보아야겠어") 해야 할 일로 바뀌었다. 즉, 평범했던 일들도 특별한 행위로 변할 수 있다는 것을 암시한다. 앞에서 본 「병마」에서 시인은 "일상이라는 병균, 세월이라는 병균"이라고 부정적 인식을 드러냈지만, 사실은 그 일상과 세월이 우리 몸을 아주 천천히 갉아 결국은 존재의 차원을 다르게 만들듯이 그 자체로 아주 미세한 변화의 인자(因子)였음을 이미 알고 있었던 것이다.

성근석 시인의 이번 시집에 다른 여러 계열이 있지만 평범하고 항상적이었던 것들이 존재의 변화를 감지하게 하는 대표적 이미지로 '길'을 들 수 있다. 가령, "늘 그 길을 오가야 내 삶이 영글어/때때로 길만 넙죽하게 누워 있던 그곳/가운데 그어진 노란 선을 살짝 밟기도 하면서/그렇게 내 삶을 앞으로 굴렀던 길/오늘은 왠지 낯설어요/한 남자분이 홀로 그

길 가장자리에 쌓인/흙먼지와 지저분한 버려진 것들을 쓸고 계셔요"(「길을 쓸어요」)에서 드러나듯 나에게는 늘 나만의 목적을 위한 한결같은 경로였지만 그렇게 보였던 이유가 다른 누군가의 수고가 덧붙여졌기 때문이라는 인식, 즉 항상성 속에 숨은 변화 요인에 대한 인식이 그렇다. 다른 작품, 「눈길」에서 "덕담같이 적당하게 염화칼슘 뿌려야/삭막한 가슴 녹이며 길을 낸다고/눈을 치운 뒤에 뿌려야만 녹는다는" 것을 새삼 깨닫는 것이 그렇다. 이처럼 길 이미지를 통해 시인은 항상성과 변화 사이에 놓이게 된다.

또 다른 징후의 양상으로 잘 관찰하지 않았거나 고정관념 아래서 편안하게 느꼈던 것들이 새롭게 성큼 다가서는 경우가 있다.

너는 차갑게 서 있었어
세상은 너를 통하고도 끄덕도 않았지
네 몸에는 쓸쓸한 별빛이 반짝였고
나뭇잎들은 손을 흔들며 낙엽이 되었어

너는 차갑게 그대로 서 있었어
청명한 듯 투명한 모습 보이며
밀린 고요를 오랫동안
응결하며 단단하게 쌓아놓았지

세상 모든 얼룩들은 너를 통하고는
서로의 넓은 소릴 주고받았어

네가 쨍그랑 소릴 내던 날
날카로운 칼날처럼 퍼렇게 되었을 때
네 고요가 얼마나 큰 상처였는지?

네 침묵이 단단하던 날
세상은 맑게 그대로 서 있었어

—「유리창」 전문

구태여 사족이지만 현대문명을 대표하는 발명품이자 일상 사물로는 '유리'만 한 것이 없다(결코, '거울'이 아니다). 유리는 단순한 건축 소재에서 존재론의 비유에 이르기까지 광범위한 층위와 범주에서 우리의 삶에 깊숙이 관여하고 있다. 시인들은 그 유리에 '창'이라는 정신적 기저(基底) 가치를 부여해 자기표현의 효율적 수단으로 사용해 왔다.

시인은 문자 그대로 '창'의 재질로서 '유리'에 대해 왔음을 먼저 고백한다. "너는 차갑게 서 있었어/세상은 너를 통하고도 끄덕도 않았지"라는 표현은 유리가 단순히 투명하다는 것을 드러내는 것뿐만 아니라 보는 것과 보이는 것 그 어느 쪽에도 반응하지 않는다는, 즉 작용—반작용이 없는 한낱 사물에 지나지 않는다는 인식을 보인다. 하지만 시인은 결국, "네가 쨍그랑 소리 내던 날/날카로운 칼날처럼 퍼렇게 되었을 때/네 고요가 얼마나 큰 상처였는지"를 깨닫는다. 다시 말해 유리는 이쪽과 저쪽에 반응하지 않은 것이 아니라 그 양쪽의 통증을 자기 침묵 속에 축적하고 있었던 것이다. 따라서 유리창의 깨어짐은 어떤 징후의 드러남, 전면으로의 부상(浮上)을 함축한다고 할 수 있다.

유리창이 깨어지는 소리를 통해 생의 징후를 읽어내기 시작한 시인의 귀에는 물론 더 먼 곳, 일상에서 늘 접할 수 없는 독자적 세계의 소리일 뿐이라고 짐짓 미뤘던 것들의 소리마저 들려오게 된다. 아마 홍천강이겠지만 먼 강의 '울음'이 현존과 뒤섞인다.

이른 봄 아침
강변 버들강아지들
밤도적 서리에 얼어붙어
펜처럼 서 있다

홍천강,
그 퍼런 오선지 위에 서럽다

청둥오리 떼 날갯짓하며 음표 그려댄다

한 마리 긋더니
이놈 저놈 계속 그어댄다

파미솔 파미솔
홍천강 합창공연은 연중 기획 중이다

—「홍천강」 전문

해가 중천에 올라 세상이 조금이라도 추위가 빗겨갈 때면 잔잔한 물결 차가움에 벼린 채 강은 큰소리로 울음을 우는 것이다 얼어붙은 가슴 쪼개며 우는 것이다 살아온 내내 꽁꽁 굳어버린 마음 망아지 고삐 풀리듯 서러움에 북받쳐 내 설움 좀 들어보라고 더 큰소리로 서럽게 목 놓아 쩌렁쩌렁 우는 것이다

—「우는 강」 전문

겨울의 끝자락, 아니 한가운데라 해도 별 차이는 없다. 흐르는 것이 본질인 강이 얼어붙고 심지어는 "큰소리로 울음을 우는 것"을 듣는다. 그 소리는 사실 "내 설움 좀 들어보라고 더 큰소리로 서럽게 목 놓아 쩌렁쩌렁 우는" 울음이다. 이 설움의 유출(流出)은 현존의 가장 강력한 증거이면서 동시에 자기 갱신에의 열망을 함축한다. 이는 자신을 의인화한 「낮달」에서 "깜깜한 밤에만 노는 일이 그래/잘 보이지도 않는 세상

보려고/많은 빛들을 쏟아붓지만/어두움의 그늘이 잘 거두어지지 않"는 현실, 현상을 깨기 위해 세상에 나서는 시간대를 바꿔버리는 일종의 결단을 끌어내는 긍정적 징후로도 작용한다.

3.

통증은 징후이자 증거이며 이 두 가지 속성을 끌어안은 자기 모순적 예견이다. 예견은 기대와 중지(포기)를 동시에 지시한다는 측면에서 자기 모순적이다. 극심한 통증 아래서 우리는 포기의 희망과 지속의 열망을 동시에 맛보게 된다. 우리의 독자성은 바로 여기서 생성되고 시인의 개성은 더욱더 벼려지게 된다.

성근석 시인은 징후와 더불어 어떤 예감의 앞머리를 부지런히 밟거나 몸 가까이 두려는 시도를 두려워하거나 멈추지 않는다. 물론 이 작업 또한 나로 말미암아 세계를 지향하는 방향을 결코 잃지 않는다.

집사님이 머리가 어지럽다고 거실 바닥에 눕더니 일어나질 못하셨다고 한다 뭔가 이상하다고 느낀 가족들이 119 구급차를 불러 응급실 가셨는데 손을 쓸 수 없어 집사님은 수술도 못 받으시고 새벽에 소천하셨다 살아있는 가족들은 너무나 갑작스런 일이라 황당하고 믿어지지 않는 슬픔으로 어찌할 바 몰라 슬픔 가득하나 집사님은 예쁜 얼굴로 활짝 웃는 행복한 모습으로 영정 속에 있다 한 공간 속 집사님은 활짝 웃고 가족들은 흐르는 눈물 주체하지 못한다 집사님은 하나님을 뵙게 될 것이다 하나님 앞에서 집사님의 삶의 궤적들이 낱낱이 벗겨지고 늘 순수한 웃음 웃던 모습 드러날 것이다 "하와야 네가 벗었느냐 네가 벗은 것을 누가 알게 했느냐"는 하나님의 음성처럼 집사님은 하나님 앞에서 스스로 인지하지 못한 부분까지 다 드러날 것이다

—「소천」 전문

어쩌면 비극은 자연이 무자비하거나 세상이 원래 그런 것이 아니라 우리가 생명과 변화를 부여받은 최초의 조건이 그런 것일지도 모른다. 시인은 '집사님'이라는 익명으로 호칭하지만, 이를 통해 우리 주위의 가장 일반적이고 평범하게 선한 느낌을 끌어낸다. 그 좋은 분이 '어지럽다→위급하다→소천하다→영정사진→낱낱이 벗겨지다'라는 짧은 기간이지만 불가역적인 극도의 변화를 겪는다. 물론 필자는 이 체험을 통해 시인이 징후와 예감을 결부시켰는지 어찌했는지 여부는 알 수 없다. 다만, 이 차분한 어조와 서술은 시인의 자기 독백 형식이 무르익었음을 반증한다.

앞의 인용 작품의 문자적 표면에 드러나지는 않지만 성근석 시인은 예감의 양가성을 충분히 인지하고 있다고 보인다. 가령, 「부고장」 같은 작품에서는 자신이 처한 현실을 그대로 수용하는 듯 자세를 보이지만, 「가을」이라는 작품에서는 "풋풋한 모습은 점점 소멸되어가고/그 질긴 생의 목표를 가벼이 하면서/넘치는 끼, 하고 싶은 일들/하나하나 떨치며 줄여가는 거야/달려가고픈 마음 천천히 늦추면/그게 익어가는 거였어/그게 진정성 있는 자신을 찾는 거였어/그냥 쉽게 가벼이 놓아버리는 거였어"라는 깊은 인식을 보여준다. '진정성 있는 자신을 찾는 거'가 어쩌면 시인의 최종 지향이었을지도 모른다.

이번 시집에서 주목해야 할 형식적 특징 중 하나는 독백 형식의 구어체를 많이 사용했다는 점이다. 주지의 사실이지만 구어는 문어와 달리 실제 대화 상황을 가정하는 것 같은 분위기를 조성해 화법의 수사(기법)보다 내용에 집중하게 하고, 의미 발생을 연상이나 유추 이전에 공감 차원에 오래 머물게 함으로써 마치 친밀한 대화처럼 만드는 효과가 있다. 잘 사용된 예라 말해도 무방할 것이다.

현존의 증거이자 지향일 수도 있는 징후와 예감은 나란히 서든, 마주 서든 늘 길항하면서 각자의 진영에서 무엇인가를 덜어내거나 덧붙일 뿐이다. 그 과정이 곧 존재의 경로고 어찌 보면 삶의 궤적의 기본 골격이다.

어느 한 송이의 인연이
오랫동안의 침묵을 뚫고 발아하고 있어요
멀리부터 숨 가쁘던 직선 위의 한 점
혼자가 아닌 낯모를 또 한 사람이
나란히 '함께'라는 도장을 찍어요
바람이 불고 비바람이 들이쳐도
한 점에 있던 흔적은 사라지지 않아요
한 점에 꾹꾹 밀착시켜버린 거예요
운명이라고 말하고 싶어 하는
단순한 위로는 꿈을 푸르게 만들어요
한 점은 흘러가요
한 점 위에 예쁜 꿈들을 심어야겠어요
지워지지 않는 추억 영롱하도록 말이에요

—「한 점」 전문

성근석 시인은 결국 "오랫동안의 침묵을 뚫고 발아"하는 '인연'을 보고 있다. 직선이라 명명해서 빗금처럼 차갑게 의미를 상실하는 것이 아니라 흘러가는 '한 점' 위일지라도 "한 점 위에 예쁜 꿈들을 심어야겠"다고 자신을 다시 다독인다. "지워지지 않는 추억 영롱하도록" 바라는 시인의 바람 위에 꼭 그리 되리라는 나의 기대도 살포시 얹어본다.

이 도서의 국립중앙도서관 출판시도서목록(CIP)은 서지정보유통지원시스템 홈페이지(http://seoji.nl.go.kr)와 국가자료공동목록시스템(http://www.nl.go.kr/kolisnet)에서 이용하실 수 있습니다.(CIP제어번호: CIP2020011145)

문학의전당 시인선 0320
너의 운명이 나의 선택이었지만

초판 1쇄 인쇄 2020년 3월 20일
초판 1쇄 발행 2020년 3월 27일
지은이 성근석
펴낸이 고영
책임편집 이리영
디자인 헤이존
펴낸곳 문학의전당
출판등록 제448-251002012000043호
주소 충북 단양군 적성면 도곡파랑로 178
전화 043-421-1977
전자우편 sbpoem@naver.com

ISBN 979-11-5896-461-0 03810